AF232308

Publication du Comité Central Socialiste Anti-Boulangiste

LE GÉNÉRAL BOULANGER

PAR

John LABUSQUIÈRE

PRIX : **5** CENTIMES

PARIS

AU COMITÉ CENTRAL SOCIALISTE ANTI-BOULANGISTE

58, Rue Grenéta, 58

LE GÉNÉRAL BOULANGER

Le 13 juillet 1887, alors que personne ne parlait encore de plébiscite, de candidature à offrir au général, alors que rares étaient les républicains qui mettaient en doute sa foi républicaine — au lendemain de la scandaleuse manifestation de la gare de Lyon — j'écrivais :

« De la fièvre enthousiaste qui secoue Paris, qui secoue le pays tout entier; qui fait que d'un bout à l'autre de la France, le nom d'un homme est sur toutes les lèvres, fait battre des milliers et des milliers de cœurs, un inexprimable sentiment d'inquiétude, d'angoisse, de peur se dégage.

« *Le branle est donné. Si l'on n'y prend garde, dans le pays non encore rallié complétement à une République bâtarde, cueillie dans l'effondrement du régime impérial, dans les douleurs de la défaite et de l'invasion*, IL SE CRÉE UN PARTI PLÉBISCITAIRE, *qui, faisant tache d'huile, gagnera demain le plus petit hameau, après avoir souillé les grandes cités républicaines.*

« Que ceux qui, aux yeux de la France anxieuse, agitent aujourd'hui le spectre de la guerre, de la revanche, comme en 1851 on agitait le spectre rouge, prennent bien garde.

« Si la République meurt un jour, frappée au cœur par le sabre d'un soldat, ils en seront responsables devant l'histoire, devant le Peuple qui finira bien par se réveiller et qui leur demandera des comptes sévères.

« Sommes-nous donc assez oublieux du passé, pour

abandonner la légitime défiance acquise au prix de terribles leçons?... »

×

Les faits qui se sont déroulés avec une effrayante rapidité ont, malheureusement hélas! justifié ces appréhensions.

Nous vivons aujourd'hui en plein mouvement plébiscitaire, et bien aveugles sont ceux qui ne veulent pas voir que la coalition des farceurs comme Rochefort, Vergoin, Laguerre, etc....., des bonapartistes, des réactionnaires de toutes nuances, met la RÉPUBLIQUE EN DANGER !

Quel est le caractère de ce mouvement qui menace directement l'existence de la République et qui — si 'un formidable mouvement de résistance ne s'opère pas — nous prépare la restauration de la plus terrible, de la plus dangereuse des dictatures : la dictature du sabre ?

×

Qu'il faille attribuer à la lassitude des populations, non encore complètement conquises à la République, la vogue d'un général tapageur, amoureux fou de la réclame et de la popularité, c'est là un fait qu'il serait puéril de contester.

Il n'y a pas d'effet sans cause : le boulangisme est un EFFET qui a des causes plus profondes qu'un engouement que rien ne saurait justifier.

Nous ne nions pas que les causes de la lassitude ne soient fondées, exactes, et que la responsabilité, il faille la faire remonter directement à ceux qui, depuis près de dix ans, ont légiféré et exercé le pouvoir.

Mais de là à pouvoir croire une minute que du mal parlementaire on puisse se guérir en se jetant dans les bras d'un sauveur d'occasion, d'un général puffiste, c'est là une autre affaire !

×

En ce moment, l'heure n'est pas aux récriminations. Le danger est pressant, c'est lui qui doit nous occuper, contre qui nous devons faire converger tous nos efforts. Le danger passé, la dictature naissante écrasée dans l'œuf, nous pourrons tout à notre aise, dresser l'acte d'accusation, déterminer les responsabilités, demander la punition des coupables.

Nous voulons nous borner, aujourd'hui, à démasquer un général audacieux et sans scrupules, une poignée d'hommes impudents dont les efforts — si on ne les entrave pas à temps — ne tendent à rien moins qu'à détruire la République, par suite à créer à la France les dangers les plus graves : la guerre, l'invasion, la ruine, le démembrement......

✕

Deux fois, depuis près d'un siècle, la France s'est trouvée, au point de vue politique, dans une situation analogue à celle dans laquelle elle se trouve aujourd'hui : En 1799 et en 1848.

Deux fois, la République, par suite des fautes des faux républicains du gouvernement qui ne cherchent qu'à satisfaire leur ambition et non les vœux du pays, a eu pour issue la dictature.

Deux fois, la France s'est laissée aller à un enthousiasme irréfléchi pour un homme et deux fois elle s'est endormie dans les bras du pouvoir absolu, laissant étrangler la République, mourir la Liberté, pour ne se réveiller que ruinée avec l'invasion aux portes de Paris.

✕

En 1799, Bonaparte revenait d'Egypte et on acclamait en lui un général victorieux.

On était prêt à se jeter dans ses bras, parceque le peuple, après avoir fait la grande Révolution contre le roi, les nobles et les prêtres, s'était retrouvé aussi pauvre au lendemain de ses luttes héroïques qu'à la veille de cette Révolution.

Le peuple crût que la gloire suffisait à tout, partant il espéra en ce Corse et l'acclama. La République devait en mourir.

On applaudit à sa vigueur, quand il fit le coup d'État de Brumaire, qu'il balaya avec des grenadiers les *Cinqcents* et qu'il mutila la Constitution de l'an III : une Constitution qu'on maudissait comme on maudit aujourd'hui la Constitution de 1875.

On eut le Consulat, puis le Consulat à vie, puis l'Empire, et les guerres commencèrent. Dans toute l'Europe se promenèrent nos armées, soulevant contre la France l'exécration de tous les peuples foulés aux pieds. En Espagne, en Italie, en Suisse, en Allemagne, en Autriche, en Russie, partout planèrent les aigles impériales.

Mais le peuple s'aperçut trop tard qu'il avait commis une folie, qu'il était dupe. Quand il commença à se réveiller, il n'était plus temps : l'ennemi était en Champagne, l'Empire était vaincu. Bonaparte relégué à l'île d'Elbe tenta un nouvel effort ; les Cent-jours furent l'agonie du monstre qui vint mourir à Waterloo écrasé par la Sainte-Alliance des rois que seules avaient pu vaincre, quelques années auparavant, les légions héroïques des volontaires de la Révolution.

En 1799, le Peuple, enthousiaste d'un soldat, las de ses législateurs incapables, de sa constitution bâtarde, s'était laissé prendre à ces deux idées magiques : RÉVISION, DISSOLUTION.

Au 18 Brumaire, le Parlement avait été dissout ; la Constitution de l'an III fut révisée ; mais de ce coup d'État naquit le monstrueux Empire qui coûta à la France ruinée, anémiée, 1.700.000 hommes tombés sur les champs de bataille, la perte de toutes les conquêtes territoriales accomplies par les glorieux soldats républicains de Jourdan, de Moreau, de Masséna, de Hoche, de Marceau, de Kléber.

Quel réveil ! Après la perte de toutes les libertés, la ruine de la France, les mères en deuil, les champs déserts et incultes, les impôts écrasants, les Cosaques et les Prussiens dans Paris et le roi du droit divin remonté sur le trône ; les nobles et les prêtres, de nouveau maîtres du pays !

✕

La République de 1848, par suite de l'incapacité, de l'impuissance et du mauvais vouloir de ceux qui la dirigeaient, créa à la France une situation tellement déplorable qu'il ne fallut pas de grands efforts au misérable qui devait, plus tard, prendre le titre d'empereur des Français, et le nom de Napoléon III pour provoquer de grandes manifestations en sa faveur.

En effet, la République, par peur imbécile des idées de

justice et par désir de rallier à elle des hommes politiques qui ne devaient se ranger sous son drapeau que pour mieux la trahir, avait non seulement lassé le pays, mais encore non contente d'avoir découragé, par ses fins de non recevoir systématiques, les travailleurs des villes, elle avait commencé par fusiller les ouvriers de Rouen et fini par massacrer par milliers les travailleurs·parisiens insurgés au cri de : « Du Pain ou du Plomb ! »

Elle n'avait pas su agir énergiquement pour rétablir le crédit public ébranlé, réprimer les menées réactionnaires et elle n'avait, en matière de finances, inventé qu'un expédient déplorable : l'impôt des 45 centimes qui ameuta contre elle les contribuables exaspérés.

La France crut, une fois encore, qu'un homme la sauverait et elle s'affola d'enthousiasme pour le neveu de l'Empereur qui lui avait déjà coûté tant d'hommes, tant de larmes, tant d'argent.

L'élection du 10 décembre, qui donna ce spectacle inouï de voir acclamer le candidat césarien à la présidence de la République, à la fois par les départements les plus conservateurs et les départements les plus socialistes, devait avoir les conséquences les plus terribles pour la nation complétement aveuglée.

Après cette élection, le mouvement commence avec une ardeur, une ténacité vraiment extraordinaires; comme aujourd'hui, on mène la campagne contre l'assemblée législative impuissante, chaotique, divisée, incapable d'une action suivie, mais suivant une politique réactionnaire.

Le prince-président et les factieux qui le suivent, l'acclament, parlent aussi de révision, de dissolution, de république, des intérêts du peuple, de la nation, auxquels il faut donner satisfaction.

Les millions sont répandus par des financiers; comme font aujourd'hui les boulangistes, les décembraillards, les *Gourdins réunis* acclament à tout propos le prince-président, assomment ceux qui manifestent leurs sentiments républicains et ont le courage de démasquer, de dénoncer l'intrigue impérialiste qui se trame sous le couvert du drapeau républicain.

Bonaparte se prétendait démocrate, socialiste, partisan de la paix, comme il l'avait dit dans son discours prononcé à Bordeaux. Les républicains sont fusillés, transportés, exilés; les travailleurs sont terrorisés; leurs associations détruites, surveillées par des nuées de mouchards. Quant à la paix, à peine proclamé, l'Empire commence la série d'aventures ruineuses qui s'appellent les expéditions de Crimée, d'Italie, de Chine, du Mexique, les pilleries d'Algérie, l'expédition criminelle pour maintenir le pouvoir temporel du Pape et qui eurent pour conclusion la déclaration de guerre qui amène l'effondrement de ce régime maudit dans la boue de Sedan et les hontes de l'invasion.

Ces deux cruelles expériences seront-elles inutiles ?

La France voudra-t-elle, une fois de plus, démontrer à l'Europe qu'elle est définitivement incapable de profiter des cruelles leçons du passé ?

Il s'agit, maintenant, d'examiner le mouvement plébiscitaire qui a pour étiquette le nom du général Boulanger, de voir ce qu'il porte dans ses flancs; s'il peut modifier en quoi que ce soit la situation du pays et donner un bien-être, pour si faible, si passager qu'il pourrait être, au peuple avide de réformes émancipatrices.

Quel est ce mouvement? Quel est l'homme qui l'incarne? Quels sont les agitateurs qui constituent cette louche faction qui porte le nom de *parti boulangiste* et qui veut jeter la République sous la botte d'un général d'opéra-bouffe, plus célèbre par des inepties de café-concert, de scandaleuses réclames et d'impudents mensonges, que par ses victoires, ses réformes et ses écrits militaires?

Occupons-nous dans cette brochure de l'homme lui-même. Sa valeur, son passé, ses actes, ses paroles, son attitude effrontée permettront de juger ses comparses de la presse, du parlement; la tourbe de véreux, de bonapartistes et de financiers qui grouillent autour de lui, qui le poussent au pouvoir, afin de se jeter sur la France comme sur une proie à dévorer.

Il n'y a pas un *homme* dans la personnalité encombrante du général Boulanger, le titre d'*homme* ne pouvant s'appliquer qu'à l'être humain qui a des convictions, de la loyauté, une conduite conforme à ses principes et qui place au-dessus de toute considération personnelle le strict sentiment du devoir à accomplir, coûte que coûte.

Dans le général Boulanger il y a deux individus distincts, mais connexes : le soldat, le politicien; ce dernier se greffant sur le premier, comme en Espagne se greffe sur le général de *pronunciamiento* le politicien d'aventure, véritable brigand opérant contre la patrie, comme le brigand de grand chemin opère contre les voyageurs, à la lisière d'une forêt.

C'est sur le soldat que s'est greffé l'aventurier prétendant; étudions donc d'abord le soldat, fouillons la ridicule légende édifiée sur son rôle fort simple cependant. — Cela suffira, espérons-le, à refroidir les plus emballés, à édifier les consciences les plus souples.

La véritable légende Boulanger a commencé pour la foule qui l'acclame aujourd'hui et qui se rallie autour de l'œillet rouge, lors du passage du général au ministère de la guerre et s'est exaspérée lors de la chute du cabinet Goblet.

Qu'avait été le général jusqu'à son arrivée au ministère de la guerre? Qu'a-t-il fait durant son passage à ce ministère? Quel rôle a-t-il joué — comme soldat — depuis sa rentrée dans le rang comme commandant du 13e corps jusqu'au jour où il fut mis en non-activité par retrait d'emploi, puis définitivement à la retraite?

Sorti de l'école de Saint-Cyr, non dans les premiers, tant s'en faut, en 1856, M. Boulanger fait comme sous-lieutenant l'expédition de Kabylie en 1857, celle d'Italie en 1859. Il entre plus tard à Saint-Cyr comme capitaine instructeur. Sa carrière est celle de la plupart de ses camarades de promotion. La guerre de 1870 est follement déclarée. Conduits par des incapables et des traîtres, nos soldats, inférieurs en nombre, mais luttant héroïquement, se font écraser à Wissembourg, à Forbach, à Frœschwiller, soutiennent vaillamment le choc des masses allemandes à Borny, Mars-la-Tour, Rezonville, Gravelotte; luttent jusqu'à la dernière cartouche à Sedan.

L'Empire croule, l'Invasion, comme une nuée de sauterelles dévastatrices, inonde la France; la République est proclamée, M. Boulanger est toujours capitaine instructeur à Saint-Cyr. Il participe au siège de Paris par les Allemands comme lieutenant-colonel d'un régiment de marche et on n'entend parler de lui que le jour où, dans une réunion des maires tenue au ministère de l'instruction publique, il se prononce contre la sortie en masse et où il met en doute la solidité de la garde nationale, qui a donné de si héroïques preuves de sa résistance et de son patriotisme à Montretout, à Buzenval.

Mais, si du début de la guerre jusqu'à cette réunion qui précède de quelque temps à peine la désastreuse capitulation de Paris qui entraine la capitulation de la France entière, on entend peu parler des exploits de M. Boulanger, en revanche on entend vanter sa vaillance et son intrépidité quand il s'agit d'assiéger Paris républicain debout pour défendre la République et épargner à la France vaincue la suprême honte d'une restauration monarchiste.

À la tête du 114e régiment de ligne, le colonel Boulanger marche contre Paris, pénètre dans la grande ville et se place aux premiers rangs des bourreaux qui écrivirent cette page d'histoire, la plus féroce depuis la Saint-Barthélemy, et qui porte le nom de *semaine sanglante*. Prisonniers fusillés sans pitié, femmes égorgées, vieillards dont la poitrine est fouillée par les baïonnettes de soldats ivres, tout cela vaut au colonel Boulanger la croix de commandeur de la Légion d'honneur.

Cette récompense ramassée dans le sang de Français, de défenseurs de la République, il l'accepte avec reconnaissance; il s'en pare avec orgueil, alors que le sinistre Galliffet — qui n'a pas été des derniers au massacre — a la pudeur de la refuser!

Tandis que la Commission des grades rétrogradait impitoyablement des officiers qui avaient bravement fait leur devoir contre les soldats de Guillaume — eu égard aux vaillants exploits de Boulanger contre Paris à la tête de son régiment et plus tard comme président du 18e Conseil de guerre — elle le maintient dans le grade de lieutenant-colonel. Quelques années après, nous retrouvons le héros de Mai à Belley, où il commande, comme colonel cette fois, le 133e de ligne.

✕

Nous sommes en plein Ordre Moral. La réaction est maitresse de la France et les républicains sont partout traqués. L'état de siège livre plusieurs départements aux fantaisies de généraux; la presse est baillonnée; les Orléanistes tout-puissants intriguent pour tenter une restauration: Tandis que les républicains sincères luttent contre la réaction menaçante, que fait le colonel Boulanger, aujourd'hui si fougueux républicain avec les républicains, mais en même temps si aimable bonapartiste que les Thiébaud combattent pour lui, que les De Maupas, les Emile Ollivier applaudissent à sa campagne plébiscitaire?

Le colonel Boulanger, qui décidément est déjà un ambitieux, professe hautement les opinions les plus conservatrices. A Belley, tandis qu'il flatte la réaction en fréquentant les royalistes et les cléricaux les plus militants, en assistant à la messe avec l'état-major de son régiment, il intrigue avec les bonapartistes, pratiquant cette maxime qu'il faut être au mieux avec tous les partis qui ont d'égales chances pour triompher.

Le duc d'Aumale commande le corps d'armée auquel appartient le régiment qu'il commande; il lui fait sa cour; ce démocrate farouche lui donne du *Monseigneur* à épitre que veux-tu et il va tellement à la messe, aux processions, il proteste tellement de sa haine pour la République que le duc d'Aumale le propose pour le généralat.

Voici le texte de la lettre de remerciements qu'adressa au prince le nouveau promu. Elle est bonne à reproduire.... et à retenir :

« Belley, le 8 Mai 1880.

« Monseigneur,

« *C'est vous qui m'avez proposé pour général; c'est à vous que je dois ma nomination.*

« *Aussi, en attendant que je puisse le faire de vive voix à mon premier passage à Paris, je vous prie d'agréer l'expression de ma vive reconnaissance,* je serai toujours fier d'avoir servi sous un chef tel que vous, ET BENI SERAIT LE JOUR QUI ME RAPPELLERAIT SOUS VOS ORDRES.

« *Daignez agréer, Monseigneur, l'assurance de mon plus profond et plus respectueux dévouement.*

« Général Boulanger. »

N'oublions pas que cette lettre avait été précédée de deux autres : la première par laquelle le colonel Boulanger manifestait le regret de voir le duc d'Aumale quitter le commandement du VIIe Corps, la seconde par laquelle il réclamait son appui auprès de la Commission de classement.

Le politicien Boulanger a dû souvent regretter l'incontinence épistolaire du général de brigade Boulanger ! Mais les regrets sont superflus ; les écrits restent et permettent d'apprécier la solidité des convictions de l'homme qui fait aujourd'hui si impudemment le procès à ceux qui furent républicains toute leur vie !

$\times$

En 1880, la République — la République modérée, il est vrai — est triomphante ; la réaction a éprouvé de terribles échecs ; au 16 mai, le pays a répondu par une éclatante manifestation républicaine ; le Sénat lui-même va être complétement acquis et M. Boulanger, qui commande la 14e brigade de cavalerie devient subitement républicain. Il va du côté où brille le succès, où est l'avenir et il commence la série de ces discours dans lesquels, en aveugle qui parle de couleurs, il invoque les grands principes de Liberté, d'Egalité, de Fraternité, de Démocratie.

Des discours politiques, rien que des discours, en France, en Amérique où il est délégué pour représenter l'armée aux Fêtes du Centenaire de l'Indépendance. Pas un acte, pas une œuvre militaire qui le classe parmi nos manœuvriers ou nos écrivains militaires. Il s'agite, se démène, pose, caracole, tandis que de modestes officiers s'occupent de la réorganisation de l'armée, de la réfection de notre outillage de guerre, tracent les plans de mobilisation et de concentration ; que de Bange dote notre artillerie d'engins merveilleux et qu'on prépare la réforme de notre loi militaire.

A peine de retour des États-Unis où il n'a cessé de discourir, omettant de prononcer le mot de République, sans même se donner la peine d'étudier de près l'organisation et l'outillage militaires de cette grande puissance qui a entassé tant de merveilleuses créations, tant d'ingénieuses et savantes conceptions stratégiques durant la guerre de Sécession, il est nommé directeur de l'infanterie au ministère de la guerre par le général Billot.

Au mois de février 1885, il est nommé général de division et commandant de la division d'occupation de la Tunisie. On n'a pas entendu dire à cette époque qu'il eût une haine quelconque contre Ferry. Son heure n'avait pas encore sonné.

Le général Boulanger avait mis quatorze ans pour passer du grade de sous-lieutenant à celui de lieutenant-colonel; en quinze ans, il passe du grade de lieutenant-colonel à celui de général de division, sans avoir donné d'autres preuves de son habileté professionelle que sa faconde sans limites, sa manie de parader, et son esprit brouillon durant son passage à la direction de l'infanterie.

Mais, pendant les deux années passées à Paris à son bureau du ministère, le général Boulanger, avide de pouvoir et d'honneurs, avait compris que se préparait le krach opportuniste. Le radicalisme gagnait le pays et le général Boulanger n'eût pas de peine à devenir radical à tous crins, chose rare et merveilleuse, sous l'uniforme d'un soldat haut gradé! C'est alors que, dans la presse avancée, qui doit aujourd'hui se mordre les doigts jusqu'au sang, commença la formidable réclame dont nous récoltons les fruits.

Dans son commandement en Tunisie, il est en conflit perpétuel avec l'administration civile qu'il veut toujours voir plier sous sa volonté capricieuse. Il quitte son commandement, s'en vient à Paris, intrigue, se démène, se fait un allié de Rochefort qui le lâchera pour le reprendre, on se demande encore par quel miracle; il conspire déjà avec de nombreux officiers et il fait tant et tant qu'il est enfin ministre de la guerre dans le cabinet Freycinet; il conserve le portefeuille quand M. Goblet prend la présidence.

Dès les débuts pleuvent les circulaires les plus nombreuses, les plus étranges, les discours les plus incohérents; mais comme le mot de République est souvent répété, le public imbécile, qui se laisse prendre aux paroles et qui oublie les actes passés applaudit, s'emballe, acclame. C'est au général Boulanger, que l'on voit beaucoup s'agiter, qu'on s'apprête à attribuer tout ce qui s'est accompli depuis des années : réorganisation de l'armée, canons Bange, fortifications à la frontière, mélinite, fusils Lebel, nouvelle loi militaire réduisant le service à trois ans déjà préparée, avec service obligatoire pour les séminaristes, votée par la Chambre avant qu'il ne fut ministre, tout cela est lui reporté et une presse innommable, menteuse bat la grosse caisse, fait la réclame, trompe l'opinion.

Il serait trop long de relever par le détail la série de

mesures chaotiques et stupéfiantes prises par ce général qui, dans son incapacité et son ambition, faisait passer ses rêves ambitieux avant la défense de la France qui, cependant, traversait des circonstances périlleuses.

Bornons-nous à relever un fait qui, à lui seul, donnera une idée de la valeur militaire technique de cet homme que, sur la foi d'une presse cynique, on voudrait faire passer pour le seul général capable de commander utilement les armées françaises et sur les capacités de qui on fait reposer la défense nationale.

×

Quelques explications préalables sont pour cela nécessaires. On sait que la mise en mouvement de l'armée — en cas de guerre — comporte deux grandes opérations qui doivent s'accomplir avec le plus grand sang-froid, la plus grande méthode. Ces deux grandes opérations sont : *la mobilisation, la concentration.*

La mobilisation a pour but le rappel, le transport, l'équipement et l'armement des réservistes qui, au premier signal, quittent leurs foyers pour rejoindre les différents corps de troupes qui leur sont assignés et les portent à l'effectif de guerre. Elle comporte en outre la réquisition et le transport des chevaux nécessaires à l'artillerie, en un mot, à tous les services de l'armée mobilisée.

C'est par l'arrivée des réservistes dans les différents corps d'infanterie, de cavalerie, d'artillerie et du génie, etc.... que chaque unité est mise au complet et préparée à marcher à l'ennemi avec son maximum de forces.

Le plan de cette opération est tracé d'avance et il faut qu'il s'exécute régulièrement, qu'il soit suivi scrupuleusement, car l'exécution de la concentration des différents corps d'armée à la frontière menacée en dépend. C'est là un travail minutieux, de précision, qui était prêt bien avant l'arrivée du général Boulanger au ministère de la guerre et, comme on l'imagine, il est dangereux de le modifier, surtout quand surgissent des complications extérieures et qu'une déclaration de guerre pouvant surprendre le pays en plein travail de réorganisation militaire — c'est-à-dire de *désorganisation* — aurait les plus terribles conséquences.

La seconde opération, qui exige, pour avoir son plein effet, la parfaite et rapide exécution de la première, est la *concentration* qui exige une *régularité chronométrique.*

Eh bien, sans tenir compte de ces nécessités, sans tenir compte du lien étroit qui relie la mobilisation à la concentration, qui fait que cette dernière opération dépend de l'exécution régulière de la première, au mois de janvier 1887, M. Boulanger prenait une mesure qui bouleversait absolument le système et produisait réellement l'effet d'une poignée de sable jeté dans les ressorts d'une montre.

Il prescrivait qu'au premier ordre de mobilisation, environ 80 BATAILLONS D'INFANTERIE pris dans tous les corps d'armée du continent devaient partir à la frontière, SANS ATTENDRE LEURS RÉSERVISTES, tout cela pour former une armée de couverture destinée à supporter le premier choc.

L'ineptie criminelle d'une aussi incroyable décision saute aux yeux.

L'exécution de la prescription que nous venons d'indiquer entraînerait donc retard et désordre dans la mobilisation, retard et désordre dans la concentration! C'était le renouvellement de la concentration impériale qui nous valut comme préface Reischoffen, Forbach et Wœrth, comme lamentable conclusion, Sedan.

Et on fait à M. Boulanger une réputation militaire! Qu'on en juge par ce seul fait qui provoqua parmi les officiers instruits de l'armée, une véritable stupéfaction, une douloureuse indignation?

Et dire que quelques mois après se présentait l'affaire Schnæbelé, que la guerre parut imminente!

×

Mais, le côté le plus singulier, le plus curieux de la légende Boulanger est certainement celui qui a trait aux inventions qu'on lui prête en ce qui concerne l'armement de l'infanterie, la réfection du matériel de guerre, et surtout la mélinite!

La mélinite était inventée et expérimentée avant que M. Boulanger entrât au ministère de la guerre. Il n'a donc eu aucune part à la découverte de cet agent terrible de destruction.

Sa seule intervention fut nuisible, comme on va le voir.

Les expériences avaient été concluantes, mais leurs résultats avaient été tenus secrets, afin de ne pas attirer sur cette découverte l'attention de l'Allemagne. M. Boulanger qui voulait à tout prix, toujours dans un but personnel, faire grand tapage, provoqua des expériences nouvelles et leur donna tant de retentissement que, comme il fallait s'y attendre, l'attention du grand état-major prussien fut mise en éveil, que des recherches furent faites et qu'elles aboutirent à l'invention de la roburite!

Telle fut la part prise par le général Boulanger dans la découverte de la mélinite; elle nous valut la roburite allemande!

En ce qui concerne le fusil Lebel, rappelons que ce fusil était depuis quelque temps déjà soumis à l'examen des comités qui hésitaient à l'adopter. Cette hésitation était légitime; comment ne pas y regarder à deux fois avant d'adopter un nouveau modèle de fusil, adoption qui entraîne fatalement de si lourdes dépenses et qui peut avoir de si graves conséquences, si l'arme ne répond pas à ce qu'on était en droit d'en attendre.

Donc, le général Boulanger n'a eu d'autre mérite que de passer par dessus les comités techniques et d'adopter le fusil Lebel sans tenir compte de leur avis.

Avec cette façon de procéder, il n'est plus besoin de comités spéciaux et le ministre n'aura plus qu'à agir selon son bon plaisir. On imagine quels effets pourrait avoir une aussi singulière théorie.

On a tout attribué au général Boulanger: l'amélioration de l'ordinaire du soldat, initiative qu'avaient prise, dès 1881, de nombreux chefs de corps, qui l'avaient réalisée dans leurs régiments.

La seule œuvre effectuée par M. Boulanger, c'est d'avoir ordonné le port de la barbe, ordonné le peinturlurage des guérites, la conduite des réservistes en musique; d'avoir paradé, bavardé, affiché une prétention outrecuidante et compromis par la désorganisation le salut de la France menacée par l'étranger.

Il a encore fait autre chose au ministère de la guerre : quand le général Peaucellier, à la suite du fait grotesquement odieux que nous avons relaté, donna sa démission pour ne pas s'associer à de tels actes, le général Boulanger choisit, pour le remplacer au poste de sous-chef d'état-major, le général Caffarel, déjà méprisé dans l'armée et qui devait conquérir une si lamentable célébrité dans l'affaire Wilson!

Mais laissons là l'homme technique, le savant militaire

dont on parle toujours et qui ne fit preuve que de la plus
flagrante incapacité.

Passons au soldat loyal et discipliné, nous parlerons
ensuite du politicien tel qu'il s'est révélé : ambitieux,
intrigant à la fois avec des républicains traîtres à leur
cause et les bonapartistes dont le règne a valu à la France
la honte des défaites, la perte de deux provinces, dix
milliards de frais et d'indemnité de guerre, la ruine du
pays, la mort de plus de 500.000 hommes.

Il est de tradition qu'un soldat doit respecter la discipline et la respecter d'autant plus qu'il occupe un grade
élevé dans la hiérarchie, qu'il doit par suite prêcher
d'exemple.

Il est de tradition qu'un soldat modèle doit être franc,
loyal, fidèle à la parole donnée.

Cette dernière vertu, tout homme doit la posséder, la
pratiquer, pour être un homme dans la véritable accep-
tion du mot, et ne pas se classer volontairement dans la
catégorie des menteurs, engeance méprisable, puisqu'elle
ne peut dire une parole sans provoquer l'incrédulité, la
méfiance et le mépris.

Voyons ce que le général Boulanger fut comme soldat
discipliné et comme soldat sincère, franc.

Un jour le général Boulanger était à la tribune du Sénat.
Il s'agissait des princes d'Orléans. Un sénateur royaliste,
M. de Lareinty, se lève et rappelle brutalement au ministre
de la guerre qu'il a adressé une lettre de remerciments au
duc d'Aumale, en 1880, alors que ce prince commandait
le corps d'armée auquel appartenait le régiment du colonel Boulanger.

Interloqué tout d'abord, le ministre de la guerre re-
couvre bientôt l'aplomb pyramidal qui le caractérise et
*solennellement, il nie avoir jamais écrit au duc d'Aumale.
C'est un démenti formel qu'il donne à cette assertion.* Duel
au pistolet à la suite de cette affaire. Mais quelques jours
après on publiait la lettre que nous avons donnée au
commencement de cette brochure.

Le « loyal » soldat avait impudemment menti et le ton de
son épître indiquait assez son esprit de servilité royaliste.
Mais il ne devait pas s'arrêter à ce mensonge. Plus tard,
quand, au mépris de la loi et de la discipline militaire,

un bonapartiste pose dans plusieurs départements la candidature du général commandant le 13e corps d'armée, il affirme sur sa parole d'honneur qu'il n'a rien de commun avec M. Thiébaud, promoteur de ces candidatures qui ont un caractère plébiscitaire; qu'il est étranger à ces manœuvres. La publication de ses dépêches au comte Dillon prouve d'une façon éclatante que le loyal soldat a MENTI une seconde fois. Voilà pour l'homme d'honneur!

Examinons maintenant les actes du soldat au point de vue de la discipline, et n'oublions pas que c'est le général Boulanger qui déclarait que « tant qu'il en serait le chef, l'armée n'aurait pas à juger, mais seulement à obéir ».

Sous son ministère des officiers d'un régiment de cavalerie stationné à Tours se livrent à des manifestations qui réclament d'énergiques mesures. Le général Boulanger change le régiment de garnison. Jusque là rien à dire, au contraire, puisqu'il est convenu que l'armée doit se tenir en dehors de toute politique, ce que, du reste, le général a assez souvent oublié.

A la suite de ce fait, le général Schmitz qui commandait ce corps, dans une dépêche adressée à ces officiers, prend leur défense. Le *Figaro* publie la dépêche et M. Boulanger, sans autre forme de procès, relève de son commandement le général Schmitz. Plus tard, il adresse une lettre de blâme au général Saussier pour un motif des plus futiles et toujours sous le prétexte de faire respecter la discipline.

Enfin, c'est le même général Boulanger qui est l'auteur de la circulaire *qui interdit aux commandants de corps d'armée de quitter le territoire de leur commandement sans une autorisation spéciale du ministère de la guerre!*

Voilà comment ce général réprime les moindres écarts et fait respecter la discipline militaire. Voyons maintenant comment il l'observe quand il n'est plus ministre de la guerre.

A peine sorti du ministère, le général Boulanger qui par ses harangues, ses voyages, la réclame faite autour de son nom par une fraction de la presse radicale, ses parades insolentes à la revue du 14 Juillet, ses déclamations creuses, par une inepte chanson qui exaspère sa popularité, sent qu'il peut jouer un rôle politique, se mêle immédiatement à des conciliabules politiques, se prête complaisamment à des manifestations qui deviennent presque aussitôt de véritables manifestations en faveur d'un homme et contre la République.

Nommé au commandement du 13ᵉ corps d'armée, il crie à l'exilé, au disgrácié; il autorise une partie de la presse radicale — celle qui boulangise aujourd'hui — à mener la plus ridicule, la plus odieuse campagne qui devient le point de départ du mouvement plébiscitaire, devenu aujourd'hui un véritable danger pour la République. Il prend ses mesures pour laisser s'accomplir la grotesque manifestation de la gare de Lyon. Il exhale ses plaintes à tous les échos; les reporters reçoivent ses confidences et en des milliers de lignes, il commet l'acte pour lequel il a relevé le général Schmitz de son commandement.

A tout propos il vient à Paris, sans autorisation, malgré les prescriptions formelles de la circulaire qu'il a lui-même lancée.

Un bonapartiste, M. Thiébaud, au mépris de la loi pose sa candidature dans plusieurs départements contre des candidatures républicaines. Sommé de désavouer, le commandant du 13ᵉ corps reste muet; il déclare qu'il n'a rien de commun avec M. Thiébaud. Plus tard, comme nous l'avons dit plus haut, la publication de sa correspondance télégraphique avec le comte Dillon établit qu'il était d'accord avec le bonapartiste Thiébaud et qu'une fois de plus il a menti.

Le gouvernement, faible, lâche, hésitant, présidé par le ministre Tirard, est obligé de sévir, le général est mis en retrait d'emploi; puis, comme il conserve son impudente attitude, un Conseil d'enquête est réuni sous la présidence du général Février, et M. Boulanger, convaincu de manquements graves à la discipline, d'intrigues politiques est mis d'office à la retraite.

C'est alors que le mouvement boulangiste prend le caractère qu'il a aujourd'hui.

✕

Rendu à la vie civile, le général en retraite laisse poser sa candidature partout où il y a un siège vacant et des chances de succès.

Le Préfet de police du coup d'État de 1851, de Maupas, Emile Ollivier l'auteur de la guerre de 1870-71, les bonapartistes les plus militants se rallient publiquement à la campagne césarienne qui s'accomplit et qui leur fait espérer la mort de la République.

Dans la Dordogne, dans l'Aisne, à côté des radicaux

boulangistes se rangent les impérialistes les plus militants; dans le Nord, même phénomème, et enfin, grâce à l'appui de la réaction marchant en masse contre la République, grâce à la complicité criminelle de faux républicains comme Rochefort, Laguerre, Michelin, etc......, M. Boulanger est élu député de la Dordogne et du Nord.

C'est par là que nous terminons cette brochure, en la complétant par un rapide examen du programme de M. Boulanger. Ce programme est simple; il se résume en deux mots : *Révision, dissolution*, le même programme de 1799, de 1851, défendu par un entourage équivalent en moralité à l'entourage du héros de Brumaire, du héros de Décembre.

Le général se refuse formellement à indiquer sur quel terrain doit se faire une révision qu'il ne réclamait pas quand il était ministre et que les républicains sincères réclament depuis dix ans au moins, en traçant les grandes lignes de cette révision.

Quant à la dissolution, il reste muet sur les moyens de l'accomplir et sur le but qu'il poursuit.

Mais, quand il fait le procès du parlementarisme que les républicains et les socialistes, réclamant le gouvernement direct, combattaient avant lui, il se garde bien d'indiquer quelle est la forme de gouvernement dont il rêve l'établissement en France.

Il parle des misères du peuple, des impôts trop lourds, sans vouloir formuler la moindre réforme. Enfin, depuis qu'il est élu député; il ne s'est rendu qu'une fois à la Chambre et on se souvient dans quelles conditions. Jamais saltimbanque ne s'est entouré d'un apparat aussi tapageur et aussi ridicule. Il a, en outre, déclaré qu'il ne siégerait que fort rarement. Pourquoi s'est-il donc fait élire député, alors?

Quant aux réformes sociales dont il parle quelquefois, il n'a émis d'autre théorie que celle de la gamelle de ses soldats partagée avec les vaillants mineurs de Decazeville qui, se souvenant des faits et non des paroles déclamatoires, ont tout récemment hautement affirmé leurs sentiments anti-boulangistes.

En résumé, ce que vise le général Boulanger, c'est la dictature, le pouvoir absolu. Autour de lui, se sont groupés quelques traîtres à la République, quelques véreux faméliques qui espèrent participer à la curée, si le peuple s'oublie, laisse faire, enfin tous les bonapartistes qui intensifient le mouvement plébiscitaire espérant le canaliser pour en faire sortir une restauration impérialiste.

La France des villes et des campagnes perdra-t-elle son traditionnel bon sens? Se laissera-t-elle prendre aux jongleries d'un général indiscipliné, incapable, ambitieux, derrière lequel s'est constitué un syndicat de financiers français et américains, semant l'or à pleines mains, achetant les consciences et les suffrages?

Ne comprendra-t-elle pas que toutes ses menées louches compromettent en même temps la République et la France?

Il faut que la résistance s'accentue, que tous les républicains sincères, tous les patriotes clairvoyants luttent contre une faction audacieuse, sans scrupules, qui, si elle réussissait dans ses projets, dans ses tentatives, renouvellerait les exploits des misérables qui, deux fois déjà : en Brumaire et en Décembre tuèrent la République, étouffèrent toutes les libertés, vécurent par la guerre et ne disparurent que laissant derrière eux les mères en deuil, le pays mutilé et ruiné, les affaires mortes et l'invasion maîtresse du pays.

La France ne veut plus des soldats politiciens, aventuriers, qui ne peuvent prendre le pouvoir que par un coup d'État, se soutenir que par la guerre et disparaître par quelque ruineuse et humiliante catastrophe.

Allons, que les consciences se relèvent, que les esprits s'éclairent et on en aura bientôt fini avec le général et sa bande qui placent au-dessus des intérêts du Peuple et de la République d'insatiables et criminelles ambitions !

COMITÉ CENTRAL
SOCIALISTE ANTI-BOULANGISTE

Secrétaire du Comité :

E. André-Gély, 5, rue Jeanne-Hachette.

Trésorier du Comité :

Delacour, 17, rue des Grands-Augustins.

Membres du Comité :

Jules Joffrin, Conseiller municipal, 45, rue des Cloys ;
A. Lavy, Conseiller municipal, 7, rue Dejean ;
S. Paulard, Conseiller municipal, 25, boul. de la Villette ;
Paul Brousse, Conseiller municipal, 17 bis, rue Lacroix ;
Blondeau, 116, rue de la Chapelle ;
Berthaut, 57, rue de la Mare ;
J. Allemane, 11, rue du Pressoir ;
Ch. Châtel, 3, rue Budé ;
Colas, 91, rue Championnet ;
Chausse, 29, rue Godefroy-Cavaignac ;
V. Dalle, 12, rue Saint-Bon.

Siège du Comité :

58, RUE GRENÉTA, 58

361

IMPRIMERIE F. HARRY, 34, RUE DES ARCHIVES

LIRE

LE PROLÉTARIAT

ORGANE OFFICIEL

de la Fédération des Travailleurs Socialistes de France

Paraissant tous les Samedis

ADMINISTRATION ET RÉDACTION : 58, RUE GRENÉTA

10 Centimes le Numéro

Rédacteurs : Paul BROUSSE, Jules JOFFRIN, A. LAVY, PAULARD, Conseillers municipaux de Paris; Jean ALLEMANE, E. ANDRÉ-GÉLY, Prudent DERVILLERS.

LE PARTI OUVRIER

Organe Socialiste Révolutionnaire Quotidien

RÉDACTION : 8, RUE DU CROISSANT

ADMINISTRATION : 12, RUE DU CROISSANT, 12

5 Centimes le Numéro

Principaux Collaborateurs : John LABUSQUIÈRE, Victor MAROUCK, Paul BUQUET, Henri BRISSAC, Jules JOUY, Victor DALLE, F. PRIVÉ, GRIFFOUL, Jean MAUBOURG, Anciens Rédacteurs du *Cri du Peuple*; J. ALLEMANE, Rédacteur au *Prolétariat*.

Secrétaire de la Rédaction : **Victor MAROUCK**

Imp. F. HARRY, 34, rue des Archives